I0797652

Madrigueras

Julie Murray

Abdo Kids Junior es una subdivisión de Abdo Kids
abdobooks.com

abdobooks.com

Published by Abdo Kids, a division of ABDO, P.O. Box 398166, Minneapolis, Minnesota 55439.

Abdo Kids Junior™ is a trademark and logo of Abdo Kids.

Printed in the United States of America, North Mankato, Minnesota.

102019

012020

Spanish Translator: Maria Puchol

Photo Credits: Alamy, iStock, Science Source, Shutterstock

Production Contributors: Teddy Borth, Jennie Forsberg, Grace Hansen

Design Contributors: Christina Doffing, Candice Keimig, Dorothy Toth

Library of Congress Control Number: 2019944008

Publisher's Cataloging-in-Publication Data

Names: Murray, Julie, author.

Title: Madrigueras/ by Julie Murray.

Other title: Burrows. Spanish

Description: Minneapolis, Minnesota: Abdo Kids, 2020. | Series: Casas de animales | Includes online resources and index.

Identifiers: ISBN 9781098200602 (lib.bdg.) | ISBN 9781644943687 (pbk.) | ISBN 9781098201586 (ebook)

Subjects: LCSH: Animal housing--Juvenile literature. | Lairs (Animal habitations)--Juvenile literature. | Burrowing animals--Juvenile literature. | Animals--Habitations--Juvenile literature. | Spanish language materials--Juvenile literature.

Classification: DDC 591.564--dc23

Contenido

Madrigueras

Muchos animales viven en madrigueras.

Una madriguera es un agujero o un **túnel**. Lo **excava** un animal.

Pueden estar en tierra o en arena y también en madera o entre rocas.

Algunas madrigueras son solamente un agujero. Otras tienen muchos **túneles**.

Los animales se ocultan en ellas. Se sienten seguros.

Los conejos pueden vivir en madrigueras. Viven muchos de ellos juntos.

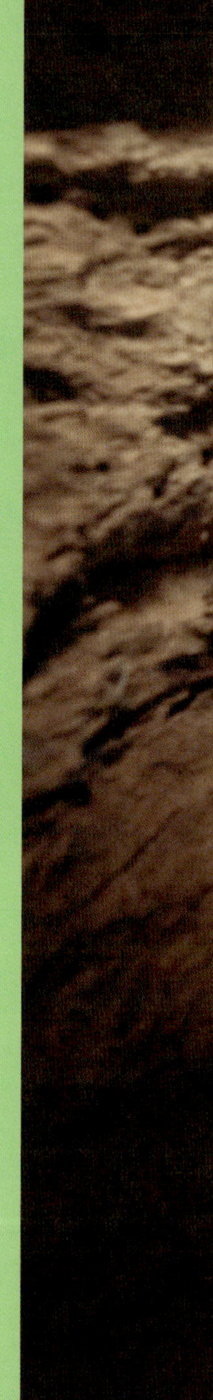

Algunos búhos viven en madrigueras. Sus huevos están seguros allí.

El sol calienta mucho. Un monstruo de Gila excava un agujero. Así se mantiene fresco.

Los topos viven en madrigueras. Tienen garras afiladas. ¡Pueden excavar rápidamente!

¿Quién vive en madrigueras?

ardillas listadas

hormigas coloradas

musarañas

tarántulas

Glosario

excavar
hacer un hoyo o cavidad quitando tierra en un lugar.

túnel
agujero o pasaje entre madrigueras de un animal excavador.

Índice

¡Visita nuestra página **abdokids.com** y usa este código para tener acceso a juegos, manualidades, videos y mucho más!